JN410559

박무길 시집

한세상 인연들 묵상에 들다

국립중앙도서관 출판예정도서목록(CIP)

한세상 인연들 묵상에 들다 : 박무길 시집 / 지은이: 박무길
. -- 부산 : 푸름사, 2018
p. ; cm

ISBN 978-89-94839-24-0 03810 : ₩12000

한국 현대시[韓國現代詩]

811.7-KDC6
895.715-DDC23 CIP2018038818

한세상 인연들 묵상에 들다

2018

박무길 시집

한세상
인연들 묵상에 들다

도서출판 푸른사

■ 自序

무릇 인간이 지향하는 삶 속에는 언제나 현재가 중심이 된다. 가끔은 뒤돌아보는 세월을 면밀히 분석해도 오늘의 나를 있게 한 하나의 목표가 과연 얼마나 꿈과 이상에 근접하고 목표지향점이 되었는지 자문자답하는 시간을 가진다. 기회는 실기하면 두 번 다시 오기 힘들다.

그러면 인간 윤회론에서의 나는 과연 어디쯤 와 있는가. 인간이 가지는 한계의 행복과 성공의 지수는 얼마쯤일까.

나와 인생을 함께한 수영 바닷가에서 오늘은 어쩌면 외롭고 고독한 현재를 대자연과 대화하며 미래의 나를 무심히 들여다보는 것도 의미가 있겠다.

2018년 겨울

저자 박 무 길

차례

제1부 한세상 인연들 묵상에 들다

제2부 **봄을 이룩하다**

제3부 **어떤 명상**

제4부 **안전지대**

제5부 과거 지우기

제 1 부

한세상 인연들 묵상에 들다

한세상 인연들 묵상에 들다

한 세월의 무늬를 이룬 추억이 가고
오늘도 제자리에 선 명상은
아직도 아무런 대답을 주지 않는데
이 겨울을 모질게 달려가는 삭막한 저 바람은
우리들을 위해
팽팽한 근육의 활시위를 당기는구나
더 푸르고 무성한 꿈 가꾸며
생生의 치열한 몸부림으로
가끔은 늦은 밤에 취해
근근이 아침을 나섰을 때
발부리에 먼저 닿는 혼곤한 잠
누군가 앞서간 발자국에도
푸른 희망 하나 새겼거니
더욱 힘차게 활보하는 거룩한 아침길
아직도 아득하여라
빈손에 움켜쥔 꿈
팽팽한 근육의 활시위를 먼저 당겨보는 이 아침
바닷새의 청아한 울음소리 건너
수영 바다가 먼저 봄의 아침을 건너다

하나의 이유를 가지다

아아, 오늘은 누구를 기다리나
내 마음 안으로 잠그고
왼종일 고요로 묵상해도
위로의 배려는 없어
종일 지친 마음을 위안하는 날

서로를 의식하면서도 맥을 놓고 있는 사이
언제 어느 때 모든 것의 이유와 근원으로
다시 시작의 원인으로 환원될까
비로소 인연이 닿고 서로의 존재 깊이 각인될 때
이 세상의 안정한 모든 것의 웃머리에
우리의 굳은 희망과 행복으로 놓일 때

아름다워라 외롭고 심심하던 하나의 마음은
투명하게 무지개로 서고
마음 안에 오롯이 깃드는 이 화평처럼
한때 내 설운 세월의 주름처럼
내 생애 다소곳한 곳에 놓이는 사랑이여
오늘은 머나먼 변방에서
신앙처럼 피는 꽃 한 송이의 이유를 듣네

열애

마당귀 복사꽃
어두워지는 마을 입구를 환하게 밝히며
첫별 돋는 서녘 하늘을 바라보고 있는 날
먼 데서 하나 둘 이녘의 불이 켜지고
얼마나 이쁜가
은하수와 등불이 차례로 켜지는
오지의 마을
신나게 남으로 지평과 강을 건너는
오월의 꽃처럼 이리도 화사한데
먼 데서 함께 보는 우리들의 시선처럼
너와 나의 한 기별처럼
오늘도 해 뜨고 해 지는데
얼마나 긴요한 물음이 지나고
철따라 봄마다 온마을에 타는 복사꽃
너와 나 사이 멀리 있어도
한 행복처럼 어울려 피는 우정처럼

강촌에서

강을 알 수 없는 수신호로
불시에 만난다

먼 데서 온 강
이웃 강
여울의 지류와 개천 하천에서 만나
일시에 발원한 강

한 이녘에서의 꿈이듯 생시이듯
무수한 세월 뒤 또다시 만나는 강

알 수 없어라
마침내 긴 여정을 끝내고
서로를 밀고 당기며
또 다른 곳으로 닿기 위해

순식간에 분열하며
또 다른 성장의
거룩한 전설을 잉태하는 강

산동네

오늘도 달동네 아이들은
눈물로 오는 가난을 잊고
하늘 높은 줄 모르고
햇볕의 양지를 찾아
신나는 놀이로 하루가 짧다

나무와 숲들 오로지 동무하며
현재의 가난을 모르는 동심이
까르르 하늘 높은
무지개를 잡는 이 하루
오직 오늘의 약속이 보이는 그곳에서
하루해를 붙잡고
건강한 웃음으로
건장한 내일의 또 다른 세계를 볼 뿐이다

그들의 미래를 누가 알랴
오직 오늘의 약속이 보이는 그곳에서
세상 전부를 보는 만족감으로
하늘 높은 줄을 모를 뿐
신나는 놀이로 하루해가 짧다

교차로의 신호등

캄캄한 밤 교차로의
버려진 삼원색의 울음들이
오늘밤을 조심스럽게 건너고 있다
순백한 경험도 존재의 비밀한 회상도
헤아릴 수 없는 새벽
차들만 서고 가고오는 무료한 광경을 지켜보며
기억의 셈법으로 그대만이 알고 있는 수신호로
한때 알게 모르게
안전을 위한 파수병으로 임무를 다한
파랑과 빨강 노랑이
오늘의 품위를 다하며
내일의 의무를 마중하는 시간
우리가 꿈꾸는 내일은
이미 새벽을 건너고 있을 시각
얼마나 많은 사람들이 익일의
안전과 행복을 꿈꾸고 있을까
아무도 보이지 않는 시각
차 하나 미로를 아슬히 건너듯
신호를 무시하며
강심장으로 새벽을 통과 중이다

태풍 무렵

검푸른 잎들이 요동친다
넘어지고 부셔지고 하늘로 날아가고
하천을 거슬러 산기슭으로
강을 건너 황야로
쏜살같이 몰려가는 바람들
그리고 한바다와 같은 검은 산
모든 길들은 이미 내장을 보이며
서둘러 통로가 된다

얼마나 세찬 비바람과 폭풍우로
산과 강과 자연을 무너뜨릴 것인가
영겁의 깊이를 더한 나무들이
비상한 각오로
천년의 산을 껴안고
숨소리 더욱 낮게 지키는 일각의 시간

모든 것은 발아를 멈춘 채
숨소리 더욱 낮게 무아로 시간을 지킬 뿐이다

나이테

나무들의 뼈는 온갖 시련과 고통을 마무리하며
지층으로 닿아
바위 같은 굳은 심지에 관절이 꺾이게도 하고
우렁찬 소리로 뚝심의 여울을 뚫기도 하고
마침내 불의 용암에 닿아
뿌리를 실허게 하지

그리하여
무수한 잎과 열매로
생장의 탄탄한 입지로
삼백예순 날 길어올리는 물관
비로소 천년을 지키는 나이테로
한세상을 살으리

올곧은 정성으로
저 장엄한 위용을 거느리며 사는
견고한 지혜
한세상을 사는 지고한 여유로움
우리의 삶도 이와 같으리

별 이야기

사람이 죽으면 별이 된다는데
별은 죽어서 무엇이 될까
천상에서 우주가 다할 때까지
세세연년 반짝일까
아니면 영원히 불멸로 남을까
어릴 때 아주 어릴 때
밤별 차례로 돋는 평상에 앉아
내 별 네 별 하며 헤아린 별들은
지금은 어디쯤 둥지를 틀고 있을까

어쩌면 한 희망과 더러는 못 잊을 신화로
소멸했을까
이젠 매연과 공해로
우리들의 시선에서 꽁꽁 숨어 보이지 않는 별
아직도 시작도 끝이 아닌
가끔 보이는 저 별은
천상의 아버님 어머님께서
하늘나라에서 가끔 보고 계신 별일까
내 죽어서 별이 된다면
맑고 깊은 당신의 눈동자에 깃들어
영원히 함께 살으리

꽃순

봄단장 새로이 하고
매무새 단정히 고쳐입고
환장하게 어리광 부리며
하늘거리고 있는
저 오월의 꽃순

이뻐라
하늬바람 불어오는 길목을 지키며
가냘픈 몸매로
속살 이쁜 교태로
벌나비 유인하며

오늘이 제 세상인양
하르릉하르릉 흔들리는
향기로 모습으로 우뚝 서는
저 오월의 더없이 이쁜 춤사위여

세상 사는 것

나의 의식 속에서 나를 깨우는
앙금 같은 아우성들
무릇 내 자존심을 홀로이 해도
자유를 떠난 무리들의 행동은
어느 방향에서 흔적을 두고 있을까
오늘을 모든 사람들은 생각을 높이 들고
하루해를 보낸 이야기들로 서성이겠지만
형체도 없는 서로의 허상만을 일별할 뿐이다

가끔은 늦은 후회로 입씨름이 되고
단단한 하루를 마무리하겠지만
인생은 늘 물음표 가득한 표정으로
내일을 기약하는 것
서로가 이웃이 되어 머물던 현재도
저 홀로이 흔들리는 나뭇잎들처럼 고독한 건
기회를 버린 아득한 날들이
어쩌면 이 하루의 비전과
과거도 함께 기억하기 때문이다

언어들의 사유

순도 높은 독기의 말을 기억하는가
아주 점잖게 부드럽게 비위를 맞추며
그대의 높이를 맞추며 중요성을 이야기할 때
그 말 안에 결코 지워지지 않는 응어리와
그대와 화해한 맨 마지막의 악수도 아직도
비수처럼 그대를 겨냥하고 있을지도 모르는 것

갈 길은 멀고도 먼데
이해가 닿지 않은 언어들 속에
목마른 배고픔도 있다는 것을 아는가

그대 스스로를 내려놓으면서도
자기를 빛낼 깨달음에 울분도 함께하는 것을
말씀 하나에도 귀 기울이며 조심하시게
그대 안을 단단히 단속하는 것이
결코 인생을 이기는
머나먼 길이 될 것일세

수영 봄바다

처음 보는 형상으로
날개 돋는 저 바닷새의 울음소리
억만년의 비밀한 역사가
파랑의 잔물결로 어울리는 수영 바닷가
이 시대의 사유 하나를 짐진 듯
노을 속을 유랑하는 돛선들이
수평선과 어울려 한아름 풍경이 되는 날
궁벽한 시절 후리막을 따라다니던
소싯적 그 바닷가에

오늘은 한 이웃이 되듯
수십여 성상을 머물던 과거도
거룩한 맹세를 짐지고 오는구나
태초의 바다가 떠내려간 곳에서
바닷고기들은 저마다 고요로 열반에 들고
내 안에서 자라는 소싯적의 언어들처럼
노스탤지어로 오는
꿈속의 봄바다 수영은

한세상 사는 것

혼돈의 이 하루
시간 속에 섞여 길을 걷는다
나를 두고온 생각들과
미처 정리하지 못한 사유들에 섞여
꿈결처럼 무아경으로 걷는다

이리도 세상은 통과하기 힘든가
나의 이기적인 생각들과 신변잡기들은
나의 이름 석 자들과 오늘도 온전한가

생각의 안과 밖에서
나를 부르는 맹렬한 소리들이
어울려 함께하며
더불어 살라 하네

오늘 하루도 방향을 묻고 가는 이 하루는
내일의 또다른 희망 하나와
부디 온전할까

오늘과 내일 사이

그림자 속에 잠기는 밤이
고요로 오고
텅 빈 마음속에
내일을 짐진 무수한 숙제들
한아름 꿈속에서 풀어놓으면
오늘이 내일인 듯
가슴안의 통증을 미리 앓는다

내일은 또다시
어떤 길이 마음이 정신이
나를 평정시켜 줄 것인가
그리고 나를 이끌어 줄 것인가
내일의 여러 사유들이 미리
나를 압박하고 긴장하고 전율시키는데
이리도 불면으로 지새는 밤

기실은 헝클어진 길들을 세우며
안전지대로 향해 나아가야할 길
이윽고 하나의 축일을 위한
희망보기로 불면의 밤을 죽이다

함박눈

이 겨울 모든 생각들이
함박눈이 되어 내립니다
천천히 오열하며 죽어가며
나만이 간직했던 희망 하나와 더불어
간헐적으로 산과 들 강마을을 점령하며
때론 자기보다 커다란 언덕을 세우기도 하며
새로운 축복을 기리듯
함박눈이 내립니다
어느덧 밤이 되자
마당 귀서리에도 눈이 가득히 쌓여
어둠속에 잠시 비친 달빛 그림자
이쁘게 새겨놓고
바람무리에 얹히는
옆집 나무들 사이로
우우, 몰려가는 눈
사방 천지에 가득한 눈
이렇게 함박눈이 내리는 날이면
여물게 맹세하고 단속한 과거도
허물어진 약속도 모두 눈이 되어
시작의 첫머리에 서게 됩니다

제 2 부

봄을 이룩하다

봄을 이룩하다

봄버들 낭창한 허리께마다
새들 공중을 일제히 비상하다
암울한 겨울이 남긴
추상의 발자국들 무수한 기슭에

비슷한 숲과 나무들이 어울려
봄을 집 짓고
하늘엔 뭉게구름 한 무리
한 전언처럼 남으로 달리는데
빛의 실체를 따라
조금씩 자리를 옮기고 있는 쾌청한 날

세상의 모든 직선과 곡선에서
탱글탱글한 희망들이
한 축복처럼 약동하는데
나의 두 손에 놓이는
무지갯빛 희망 하나
아주 그윽한 전율로 오는 봄봄

출발

오늘은 아직도 여물지 않은 과거의 상처를 치료하기 위해
명상에 든다

세월과 먼 날의 깊은 애증의 순간이 지나고
무늬 깊은 사연들이 언뜻 물음표로 지나고
그 시절의 얘기들이 아직도 생경한데
나는 그때 최선을 다했던가
공평하고 완벽했던가
의문과 질문으로 뒤돌아보면
세월은 덧없이 흘러
잎사귀 깊은 초록의 잎들이 저 산중 깊이서
말없이 호올로 저물었구나
회색빛 우울을 달래며
이 아침을 부지런히 깨우며
더욱 푸르른 하늘을 열망하며

오늘은 아직도 여물지 않은 과거의 상처를 치료하기 위해
명상에 든다

바람의 중심

바람의 방향은 늘
시야가 도착하는 곳에 머문다
가령 할 일을 미리 생각하듯
예단할 수 없는 상황에서 일시 멈춤이다
여백인가 진화인가 일순 침묵인가

바람의 시작과 경유는
귀 기울여 듣는 언어들의 종착점에서
색깔로 부활할까
봄 여름 가을 겨울의 지상에서
눈길을 치열하게 붙들고 바람무리

천길 낭떠러지의 노송의 나이테와
새싹 푸른 능선의 심장부의
꽃소리 열리는 물관들
동시에 보고 있는 바람의 연륜은

길을 간다는 것은 언제나 변환의 중심에서
알맞게 그대를 시험함이다
언제 어디서나
현장을 수습하는 것은
그대의 미래보기도 함께하는
바람과의 인연이다

여울목

고요의 정적 속에 저으기 낮은 소리로
세상을 저어가는 천년의 물소리
지층에서 그늘 깊은 곳까지
소리 깊은 알음으로 기별해 주며
이끼 푸른 바위를 지나
칡넝쿨 만발한 비탈을 등짐 지고
빽빽이 기립한 깊은 나무들 지나
저물녘을 마중하며
물결인 듯 물살인 듯
영겁을 그렇게 물의 이름으로
호명되는 그 여울물이
나무들의 나이테를 지나
지층의 실한 암벽을 지나
마침내 여러 천년의
갈 길 먼 불의 용암에 닿는다

강江의 일생

오늘도 거룩한 듯 지난 역사들을 수소문하며
흘러흘러 닿는 그 산천 경계에서
혼신의 힘으로 서로를 밀며 당기며
소리 없이 견고하게 자애롭게
닿는 영겁의 인연이여

언젠가는 소멸되고 말
수천 리를 저어온 추억들 간직하며
아직도 갈 길 먼 저항의 뿌리들과
줄기를 거느리며
또 다른 지평에서 길을 내는
저 끝없는 메아리 같은
생生의 머나먼 항로여

하루를 마무리하며
그 안의 무풍지대를 달려가는 성자처럼
넓고 깊은 저 넉넉한 생기 돋는
약속의 땅 자유 천지여

노을

천지에 가득한 불노을
세상을 붙잡고 애소하듯
머언 하늘을 끌어와
다소곳한 못 잊을 밀어처럼
왕성한 근육의 뿌리로
온 세상을 피바다로 물들이며
설핏 꽃으로 피는
저 고혹한 미소여
인연이 있는 이승의 모든 것들
오늘 모두 차례로 신기루로 서다

고독 이야기

고독은 외로움으로 자라
더욱 큰 병으로 옮겨 온다
거침없이 당신의 뇌수를 침노하여
황폐화시키고
장님의 시선으로 이끈다

하여 세상을 올곧게 보지 못하게 하고
당신 밖의 긴장감을 끌어와
우울한 현재로
어느 날 사지를 마비시킨다

고독은 서서히 몸속의 물을 결빙시켜
그대 모르는 육체 곳곳을 좀먹어
현재를 피폐시키고
사지를 꽁꽁 묶인 얼음장의 송장처럼
영혼으로 깊이 잠들게 할 것이다
오오, 고독이란 무서운 병의 이름은

미래 보기

내가 증언하는 언어들은
다만 오늘의 인연으로
하루를 섬긴다
한번의 기대와 희망들은
더욱 비중 있는 일들로
차례를 지키고

하나의 중심에서
기별로 오는 약속들은
양지에 매달리는 처음의 꽃처럼 수줍다

한번의 기대는 늘
고해성사처럼 내 안에서
가슴앓이로
힘겹게 하루를 섬기며
자신도 모르는
미래 보기의 자존심으로 우뚝 선다

겨울새

빈 나무에 겨울새 한 마리
아까부터
저문 강을 바라보며
화석처럼 미동도 않고 있다

오는 봄을 마중이라도 하듯
펄럭이는 깃털 모두를 곧추세우고
남南으로 긴 그림자를 남기며
칼끝처럼 부는 바람 앞에서도
결코 뒤돌아보지 않고
시야로 멀어진다

남녘 하늘에 꽃냄새라도 맡은 것일까
요지부동의 자세로
햇살 돋는 동을 향해 귀 기울이는 강물 소리
새싹 돋는 잎푸른 향기를 따라
비상하는 저 새는

너와 나

우리 서로 만나지 못하네
너는 거기 있고 나는 여기 있어
서로의 인연 안에 마음만 오갈뿐
서로 닿지 못하고 늘 어긋나는 시간

시간이 세월이 세상이
언제나 우리 편이 되지 못하는 인생사

한번 내 본 마음 꺼내본 적 없고
너와 나 결코 심장 맞추어본 적 없어
더구나 술잔 한잔 높이 부딪치며
인생사 한번 조율한 적 없어

언제나 생활 속 인연으로 발목 잡는
너는 거기 있고 나는 여기 있어
서로의 이웃이듯
생각만 죽도록 했네
무시로 서로 불러도
언제나 세월 간극처럼 돌아앉은 너와 나는

잠 안 오는 밤

일각의 시간 속에서도
나의 정신을 헤아릴 수 없는 불멸의 밤

그래도 잉여시간은 존재한다

가능성이 맥을 놓고 있는 사이
내 안에서 탈출한
또 다른 나의 정신이
나를 이기기 위해
하나의 격앙된 빛으로 여물어
혼신의 힘을 다해
나를 일으켜 세운다

나는 어디 있고 나의 할 일은 오늘의 기억들은
오, 쇠잔한 나의 기억의 틈 사이에서
또 다른 내가 형체와 빛깔도 없이
오늘 하루도 진부한 요령으로
각별한 이 시간을 터득하며

신神의 한 수로 나를 일으키고 있음이여

낯선 해안가에서

낯선 물길이 새로이 출렁대는 해안에서
종일 바다의 고백을 듣는 오늘은
아주 놓아버린 소싯적 기억도
파도의 물결로 오는데
처음의 시작처럼 무표정하게
일견 비밀스럽게 서로를 다독이며
끝없는 교신으로
출구와 입구를 가지듯이
기약 없는 세월의 언약처럼
내 앞에서 이야기의 심지를 돋우며
오늘도 부지런히 물결로 오는데
스스로의 몸체를 열어보이며 떠난
바다에서 종일 서서 우는 물의 꽃이여
한 시절 맑고 건강한 나의 언어들을 기억하라
언제나 바다를 보며
생각 하나를 가다듬고 뜻을 새긴 나의 이력은
그리고 언제나 나의 삶의 궤적에 닿는
희망 하나의 소실점 위에
이 바닷가에 청라의 꿈을 소리쳐 높이던
아무개 시인은 지금 무얼하는가

고희의 나이

하루에도 몇 번씩 사라지고 다시 오는
마지막 불씨 같은 희망
기실은 그대 마음 안에 안존하는
기대와 분위기에 따라 달라지는
더욱 낯설어서 근접하지 못하는 꿈
오늘도 허공에서 바람의 근육 따라
헤매고 있는 뼈아픈 지난날의 오기는

오늘은 나이테 깊은 거울 안에서
내가 나를 면밀히 들여다보네
"어디서 무엇을 하며
  그렇게 많은 세월을 보냈지"
둥지를 찾는 왜소한 새들처럼
순간이 너무나 외롭고 쓸쓸해

더없는 외로움과 고독으로
이미 잃어버린 시간을 찾다가
내일의 나를 다시 충전하다가
지리멸렬한 하루를 속수무책으로 보내다

봄맞이

가을 겨울의
시간들이 파편처럼
자취도 흔적도 없이 지워지고

다시 꽃이 필랑가
마음 더욱 붉게 물드는 밤

이내 한 고독처럼
허물 벗는 일상은
하나의 정물처럼
이리도 고요한데

시간의 틈 사이에서 아린 행간을 건너며
얼룩진 삶들
그리움으로 오는데

새봄처럼 다시 꽃이 필랑가
가슴 여미며 다시 맞는 봄

밤의 잠

밤이 내게로 옵니다
한 울음 같은 옹알이로
불면을 물리치며
한 위로를 건너며
한마음 한뜻으로
생각이 여물 때까지
나를 다독이며 경계를 허뭅니다

밤이 내게로 옵니다
눈자위에 얹히는 꿈 많은
젊은 날의 소묘처럼
수많은 사연들로 나를 일으키던
가을 햇볕 같은 고요의 양지로
내일의 비망록을 부지런히 다독이며
밤이 내게로 옵니다

그 시절의 망각

열린 몸으로 만져보는 한 시절의 추억
수영 바닷가 갯바위에 앉아
잠시 명상에 잠긴다
더러는 낯선 곳 임자 없는 곳
자유로울 수 없는 곳을 방황하며
나를 긴장한 날들이 얼마였던가
차례로 세월이 나이를 더하고
지금의 시간을 점령하는데
나는 왜 이리도 아직도 고독한가
오늘은 가난한 색깔로 치장한
먼 산의 낙엽들이 더욱 나를 우울하게 하는데
어디쯤 왔는가 나의 인생은
갯바위를 들락날락하는 물사위를 보며
한 시절 무지개 같은 희망은
잊은 약속처럼 더욱 멀어지고
한 고독의 정수리에서
추억은 오늘도 가뭇없이
고요의 정적에 든다

제 3 부

어떤 명상

어떤 명상

그대의 일상을 대강 마무리하고
이곳에 서 보게
아득한 미로 삐그덕거리는 현실도
구차한 모습으로 구걸하지 말고
그대의 마음 안에서 이 시각을 보게
하여 다만 확실한 날들을 기억하게

그리하여
그대 혼자서 발길이 닿는 곳으로 가게
아직도 먼 봄 풍경이 보이고
기대일 봄볕의 감미로움도 있을 거니
맑은 바람 지나는 곳으로
그대의 기대를 놓아보며
그리고 한세상을 뒤돌아보게

육신과 심신이 피로한 날은
등잔불을 끄고 생각 밖의 날들과 동무하게
하여 눈물로 오는
그대의 옛 고백을 명료히 듣게나

낚시

갯바위 위에서 노을을 벗삼아
누군가 낚시로
하루해를 동무하며 저물고 있다

굴절되는 역광으로
옮겨오는 저 신기루 같은
해저 밑을 미리 탐사했을까

가끔 입질하는 고기들과
무언의 대화로
마음의 상처를 치유하며
몇 소절의 파도의 노래가
물무늬 깊은 피안으로
실려가는 일몰

그는 지금
바다의 경계 밖에서
하나의 집중을 고정한 채
바다의 노을 속에서
또 다른 내일의
의식을 깨우고 있을까

불면을 남기다

밤은 흔적도 없이 깊어가고
악보도 없는 발자국들만
어수선한 자취를 남기는구나
가도가도 끝이 없는 추억들로
맥을 놓고 있는 사이
잠은 천리 만리 멀어지고

인적소리 바람소리 무성한 밖에선
잉여 시간들로
분주한 일부의 사람들이
남의 아픈 고백을 듣는구나

이리저리 몸을 굴리며
귀신머리 쫓는 꿈으로
불면의 밤을 지새는데
과거의 뼈아픈 앙금과
소심한 날들의 격앙된 응어리로
물레를 돌리듯 방향을 옥죄는
불면의 이 밤은

수영 바다 소묘

존재와 비존재 사이에 내가 있다
과거도 미래도 현재도 잊은 채
오늘은 이 바닷가에서
지극한 깨달음으로 침묵 중이다
높게 어울린 역사의 층계와
구름 밖에 머물고 있는 현재의 시선들과
나와 닮은 듯한 이 시각의 혼돈과

속절없이 헤매이는 지난날이여
우리 밖에 머물던 현실들이여
이따금 습관적으로 일어서는
나 어릴적 정신의 환유들
저문 바닷가에 그림이 되고 있는
저 새 한 마리도
정지된 수평선에서
오늘의 작은 여유로
한 바다의 풍경이 되는구나

일몰 전후

하루를 기진맥진한 해가
바다에 누워 있다

오, 피바다의 주검
바다가 지상에서 가장 아름다운
자장가로 달랬지만
노을은 늙고 병든 나룻배의
전신을 쓰다듬으며
하늘의 항서를 받아내려는 듯
하루해의 고단한
뼈아픈 노동의 이유로
작은 물금으로 바다를 달랠 뿐이다

바람들은 위로의 마음으로
불노을과 함께 그의 주검을 애도하지만
어디 바다에서 처절히 생을 마감한 것이
그것뿐이랴
먼 산그리매로 홀로이 말없이
멀어지는 일몰들의 장송곡들
내일을 기약하며
비탈의 메아리로 남는 것을

해운대 바다

이른 아침 장산에 오른다
계절을 역류하는 드센 바람이
나뭇가지와 실랑이를 벌이고 있다

새들은 허공에서
이른 초록의 봄으로 부산한데
봄은 먼저 여울가 양지 곁에서
꽃봉오리들을 깨우고 있구나

먼 산기슭의 운무들이 차례로
마을로 내려오고
산경이 비로소 봄 풍경에 들 무렵
결 고운 무늬들의 햇살과 함께
3월의 꽃무늬들 더욱 눈부신데

먼 해운대 바다의 기슭에서
범선 하나
우리들의 이름으로
하루해를 섬길
뱃길을 부지런히 열고 있다

손주 사랑

너희들이 탄생하던 날
우리 부부는 한결같이
천지신명과 조상님께
한세상 삶을 눈물로 감사했지

부디 건강하게 자라
당찬 용기와 굳센 의지와 지성으로
아름다운 꽃향기의
인생길이었음 했지

그리고 이미
할비와 할미 곁을 떠난 너희들도
한세상 후회 없는 꿈과 이상으로
더없는 행복이 함께 한다면
우리 부부
이 세상을 언제 하직한들
무슨 설움 있겠느냐
언제나 가슴 안에
너희들 모습 꽃으로 필 것을

강江은 강처럼

강물은 스스로를 일으켜
새떼들이 지난 육지의 곳곳을 횡단하며
가끔씩 입덧을 하는 수면을
고요의 정적에 들게 하고
알맞게 자라는 나무들의 숲을 어루만지며
지나는 곳마다 한세상의 역사를 보듬고
작은 강과 큰 강이 서로 어울려
잎사귀 푸른 초록의 사랑을 줍니다

아득한 변방과 강마을 두루 살피며
온전한 먹거리의 터전에 되게 하고
복원되지 않은 희망의 꿈을
후손들의 몫으로 나누어주고
서로를 지극정성으로 아끼며
이 한세상의 역사와 나눔의 한세월을
함께 가자고 합니다
나누어서 공평하고 흘러서 더욱 보람 있는 강은

당산나무 이야기

빽빽한 나무들 사이 전설로 이미 수호신이 된
마을의 역사와 함께한 터줏대감
세월만큼이나 신화와 설화를 간직한
아직도 귀밝이로 듣는 세상의 수소문에
나뭇잎들은 더욱 무성한 그늘지기로
사철 마을의 쉼터가 되고
더러는 인적 끊긴 밤이면
아직도 유령의 놀이가 한창인
그 당산나무 오늘도 달빛 그늘에
몰래 숨어드는 전설과 신화
조근조근 들려주고
귀담아 들은 사람들 사는 이야기
한세상 한세월의 증인처럼
거룩한 역사로 여러 천년을 산
해박한 얘기의 주인공인
당산나무가 거기 있다네

거울

거울은
바른손 왼손으로
그의 얼을 정한히 닦고
모르는 이들에게
수줍게 그의 이름을 내주며
온갖 형상으로 비워 맞추고
그리고 언제나 홀로이듯
쓸쓸한 이별 같은 고요로
귀 기울이며 맑게 산다네
그의 이름 빛날 혼신의 힘으로
일각의 순간도 맑게 정한 모습으로
모든 이들에게
그의 전신을 스스로 내주며
더욱 행복한 이름
한평생 우리의 벗으로 사는
우리 모두의 벗

지는 것이 이기는 것

순간을 모면하려 독기와 순수와 광기로
현재의 시간을 맞춤형으로 몰입시키는 것

타령과 분수와 끼의 화려함으로
일시에 몽유의 세계에 빠뜨리는 것

무릇 때와 시기와 순간을 이용하여
아집과 독선과 이기주의로 함정으로 유혹하는 것

이 모든 것이 인간 삶의 함정일진대
무릇 우리 인생을 무조건 이렇게만 앞서가야 할까
사람 사는 한세상
언제나 때와 시기와 순간이 있는 것
이기는 것이 결코 최선이 아닐진대
삶의 이유를 찾고 좀더 넓은 하늘 하늘 보며
서로 사는 존재의 공유를 아는 것이
뜻이 되고 길이 될진대

봄꽃 이야기

일어서라 일어서라 말하니
나무들의 잎은 겨울을 털고
곰슬곰슬한 속살 이쁜 푸른 잎을 보였다

피거라 어서 피거라 애원했더니
어느덧 하나 둘
세상 밝히는 꽃들의 청순함과 이쁜 매무새로
꽃대궁으로 선다

그것은 나의 말에 호응한 것이 아니라
처절한 겨울의 동면을 인내한
그의 자존심이리라

알맞은 바람과 하늘 사이
탁월한 그의 몸매가 키를 세우는 춘삼월
억센 겨울을 이겨낸
모든 것은 일어서서 스스로의
다음의 길을 묻다

어떤 화해

아픔이 곧 상처인 날은
지난 시절을 헤아리며
그대와 즐거웠을 먼 한 소절의
이야기를 기억하라

못나도 지루해도
화안한 꽃웃음으로 시간을 같이 했다면
잠시 그대의 슬픔을 떠나 있더라도
더욱 억울해서 잠시 잊었다 하더라
상대를 용서하시게

하여 다시 올 미래의 여백을 위해
마음 비워두고 환한 꽃웃음 웃게나
멀리 있는 소극적 얘기 말고
최선의 해답이 되는
가까이 있는 지혜로운 말씀을 경청하시게

나이 이야기

내게서 달아난 두 눈은
야심한 겨울밤의 달처럼 서늘하다
스스로를 혹독하게 단련시키며
앞선 미래를 보며
선견지명을 읽던 눈
언제부턴가 고독처럼 오는 이 쓸쓸함
세월의 나이 탓일까
저 혼자 듣는 삶의 중력처럼
처음의 경계를 허무는 일상은
이를테면 가끔은 불안을 가지듯이
가을 깊은 햇볕의 겨울날
파랑 잎 하나 틔우고 싶은 날
그리하여 신앙처럼 섬기며
후회하지 않는 세월의 열꽃처럼 저물고 싶다
오늘도 지난날의 시련과 고통의
얼개들을 붙잡고
현재를 탈출하고 싶다
낯선 뿌리들의 신념처럼

기도

그 시간 이 시간 이후를 미리 염려하는
당신의 순백한 마음 안으로
새벽기도는 조용조용한
안개의 늪처럼
한동안 우리 곁을 배회했습니다
당신의 심려한 과거가
천천히 읽혀지기 위해
내 곁에 머물고
시계의 추는 정확히
오늘의 중심 근처에서 머물렀습니다
당신의 소원은 천상에서 천천히 읽혀지고
당신의 회색빛 우울은
유효기간이 지난 당신의 과거를 붙들고
뿌리의 흙을 그리워하며
한 잎 나뭇잎들의 희망으로 떠났습니다
이제 생기 돋는
당신의 가슴에 무늬지는 파랑의
음표를 새길 때입니다 그대여

하루살이

해 저물고 별무리 허공에 걸려
하나 둘… 떼자귀로 모여
달무리 별빛 휑방 놀며
무리가 하나가 되듯
신나게 신나게 공중을 춤추며
섞여서 어울려서 한편이 되어
온 우주를 점령하듯
먼 데서 보면 곰살 맞은
저 눈물겨운 24시의 광란이여
애매모호한 몸짓으로 서로를 식별 못하고
뒤엉겨 하나가 되어
지구를 통째로 굴리듯 광란하며
하늘 향해 악다구니를 서며
허공을 무너뜨리는
미처 내일을 모르는
저 피맺힌 광기여

제 4 부

안전지대

안전지대

중심은 모서리가 없고 끝간 데가 없다
모진 분별력을 집중해야
겨우 만날 수 있는 임자
필생의 노력으로 찾아 헤매는
임자 없는 그곳
운이 좋아야 겨우 닿을 수 있는 그곳
너와 나의 심장 같은 곳
오늘도 어떤 기도가 마음의 정신이
합류할 수 있을까
헝클어진 길들을 일으켜 세우며
기실은 안전지대를 나아가는
우리들의 인생처럼
중심은 언제나 한 축을 예비하며
모진 인내와 고통과 난관을 극복하는 자에게만
축복과 부활을 주는 것
온 정신 혼신의 힘으로 집중한 자가
견고한 과녁을 통과하여
당당한 자신의 이름표를 달고 있듯이

겨울 들녘

오, 황야에 부리를 터는 갈까마귀떼들
웅크린 겨울을 벗어놓고
공중에서 징징대는 바람소리 외면하며
처연한 나무들의 부실한 나무들과
키높이로 서서 봄을 기다리누나
오른쪽 왼쪽의 가지들을 견인하며
하늘 한가운데의 태양 보기로
겨울나기에 한참인데
저승처럼 벼랑 끝에 떨어지는
잔인한 겨울바람들
가슴앓이로 오는 엄동
불편한 온몸을 이끌고
이승의 내력을 하소하듯
서로 몸 부비며 울어대는
황야의 세한도歲寒圖

편지

누구에게나 인사를 나누는 첫문장
어쩌면 멋적고 다음의 사연이 기대되는
내밀한 시간속의 암호 같은 것

스스로 깨달아야 비로소 의미가 되는
고해성사 같은
그대와 내가 나누는 언어 속에
한세월의 시간을 짐진 이 시간

어둡고 긴 고백을 벗어들고 비로소
눈길과 마음을 사로잡을
문장 하나

오늘은 어쩌면 하나의 깊이로
머나먼 그대에게 닿고 싶은
한마음 한뜻의 편지를 쓴다

오오, 민주여

물대포와 최루탄과
마구잡이로 휘두르는
방망이를 마구 맞으며
오로지 민주와 자유를 위해 투쟁하던
민주의 열사들이여
더러는 피와 땀범벅으로 신경가스를 마시며
쫓기며 응급실로 실려가고
경찰차에 마구잡이로 실려가면서
애국가와 아침이슬을 부르며
독재 타도를 외치던 민주 열사들이여
이 땅에도 정녕 봄은 왔는가
이 땅에도 정녕 문민정부의 시대가 도래했는가
총검 앞에서도 당당하던 민주의 열사들이여
지금 모두들 어디로 갔는가
어디서 무얼하고 있는가
꽃도 피고 새도 우는 그 사월의 이 강산에
아직도 확연한 평화는 오지 않았는데
남과 북은 회담장에서
또 무엇을 어떤 시대를 앞서 꿈꾸는가

섬에서 육지에게

섬에서 육지를 바라보면
참으로 답답하다
흙 한 톨 거느리지 못한 도심의 집들이
서로 이고지고 거느리고 부풀려서
하늘로 하늘로만 오른다
저 고집불통의 빌딩들이며
삶에 지친 사람들의 아우성이며
자유롭게 날지 못하는 새들
그리고 검버섯처럼 자라는
시커먼 공해와 매연이 온통 점령한 하늘이여
온갖 낙서로 얼룩지고 모함되고 시기와 질시로
오장육부를 토해낼 듯한
저- 지구의 최후의 날 같은 숨막히는 광분이여
이게 어디 사람 사는 곳인지
섬에서 육지를 보면 말이지

산새 주검

산새의 주검을 팔부능선의
산여울에서 본다
말짱한 몸에 귀염성의 얼굴
부리 고운 청록색에 이쁜 몸매
다소곳한 날갯짓으로
공중에 솟구치듯
선혈이 낭자한 깃털들

생전에 능선무리마다
이별의 생각을 놓아두고 갔을 산새 한 마리
근처의 산꽃들은 봄 아지랑이로
아양이 한창인데
무리가 억울하게 두고 갔을 산새 한 마리
지금 여울가에 호젓이 누워
세상사 이별 보기로 꿈꾸는 산의 수호신으로
꿈속의 꽃을 물고 있다

완성으로 이르는 길

떨어진 낙과와
탱글탱글 익어가는 과일을 동시에 보면
미처 꿈꾸지 못하는 자연의 세계가
무지개로 선다
올바르게 곧게 생장하는 것과
발육 이전에 소멸하는 것 누가 알까
오늘도 기쁘고 슬픈 것
즐겁고 공허한 것
그 안에서 우리들의 배경이 되는 얼굴들
하나의 희망을 구원하며
결빙된 스스로를 깨우는데
나는 왜 이리도 혼자인가
종일 욕심을 버리고 양심을 내려놓아도
이리도 적요한 하루는
오늘은 야무지게 아주 그윽하게
너에게로 스며들고 싶다
그리고 하나의 행복을 구원하며
더욱 빛나는 내일을 기리고 싶다

동심

별꽃 모양의 꽃이 화안한 거리를
한때의 아이들과 어깨동무로 지난다
지난 겨울의 움츠렸던 얼굴들로
합창이 따라 다니고
가로수길의 은행나무들이 지켜보며
노오란 웃음이 벙그는 꽃의 계절

나란히로 꿈꾸는
아슬아슬한 무지개를 건너듯
꽃무리 속을 휘젓는 동심들
알록달록한 옷차림으로
흥겨운 노랫소리
앞서 가는 여울물 소리

하르르하르르
꽃무리 속을 노니는 나비떼처럼
서로 어깨동무로 아이들이
오월의 마실길을 지난다

오늘과 내일 사이

누군가 시간이 물어가는 방향 따라
하루의 목표를 지닙니다
먼 날의 이야기도 새롭게 지니며
짐이 된 어제 일도 수습하며
이 시간의 나이테를 공손히 모시며
내일을 소중히 예비하듯
한 적막의 숲속처럼
고요한 하오

궁금한 이 계절의 바람들이 지나고
세상에 조심성을 가진 모든 것들은
내일이 있기에
오늘은 참 편안합니다
스스로 현재를 발전시킬 수 있는
여러 기회를 가질 수 있기 때문에
가끔은 푼수와 하소연도
형언할 수 없는 아름다움이 되기도 하는
하루의 여백입니다
오늘과 내일 사이는

강변의 새

새들이 이 아침 투명한 하늘을 건너는구나
구름과 산 강들을 횡단하며
이 시대의 아픔을 이야기하며
수평의 강을 목축이며
전생을 기억하듯이 웅비하는구나

지상의 모든 것들은 우울 같은 통증을 앓고
서로가 움츠리고 닫혀 있는 순간
공복의 새들은 한 옥타브 반음계의 높이로
과거를 지우고 스스로로 빛나기 위해
잎푸른 초록의 향기를 물고
낯선 이역에서 그대 이름으로 우는데

강변의 나무들 서로를 기웃대는
바람소리 깊이로 하루가 가면
저무는 노을을 배웅하며
먼 데서 오는 전언이
우리들의 소소한 인연을 기리듯이
경쾌한 하루를 기억하며
오늘의 새들과 풍경이 되는구나

장애인

우리를 닮은 사람들이
아침을 옮겨가며
부지런히 건강한 하루를 깨우고 있구나
처음의 위대한 시작처럼
어쩌면 우리가 지키는 기회를 실기하고
가슴 아픈 영욕을 지킨
낯선 세월을 산 이웃들
온갖 난관들을 극복하며 시간들을 역류하며
통곡과 응어리로 마중하며
수없이 흔들리는 생애의 방황을 붙잡고
절규하며 통곡하던 시절
세상의 익숙한 배경과
근사한 불꽃들의 축제를 위하여
이 아침을 서둘러 나서는
그대 용솟음치는 무한의 도전
길이 신神의 축복 있으라

사랑과 인생

사랑이 조금씩 자라 길이 된다
인생길 혹은 생애의 고비마다
거룩하게 자신을 지켜줄 수호신같이

힘든 고비마다 조금씩 여물어
그대에게 뜻이 되고 미래가 되는
언제나 세상의 웃머리에 놓이는 한 사랑

늘 가까이서
혹은 안 보이는 곳에서
이 순간 슬기롭게
그대의 처신과 행동을 눈여겨보고 있다

하루를 지탱하는 거룩한 사람들이
한 맹세처럼
사랑이 조금씩 여물어 길이 되는 오늘은

연당지

탑 그림자 연못 위에 말없이 일렁이는데
구름 속의 달 천수경을 미리 읽고 가는 밤
산사 대숲에는 먼저 간 사람들의 비명소리

장마낀 초여름 방축에 돋는 풀자리
지저귀는 새들의 이별 같은 눈물자리의
들바람은 자꾸만 계절을 재촉하는데
억울한 천년의 탑은 도무지 말이 없어

이쁘고 인자한 꽃들과 새들
어느덧 영겁의 세월 지나도
금슬 좋은 긴 하루해와 동무하며
탑 그림자와 함께
이 고요한 산문에서
부처님의 말씀을 깨우치리라

틈 사이 양지

그늘을 비우면 양지는 어디 있을까
필경 어딘가에 둥지를 틀고 있는
빛을 찾아 헤매일 것이다
틈 사이 혹은 어긋하는 각도와 모서리에
불편한 둥지를 틀고 있는 빛

그리하여
숲들의 바람소리와
사소한 인기척도 이 시각의 별리도 기억하며
하루의 중심에서 수습되는
모든 것을 보고 있을 양지

스스로 의식을 말히지 않아도
지구가 멸망할 때까지
우리들의 작은 규격 사이에도
등불이 되는
심오한 깊이의 자유로 있을 양지

약속

마음 안의 약속 긴히 알면서도
지루한 하루해가 진 뒤
나는 시간과 미련과 후회를
변명해야 했다
이미 유효시간이 지난 모든 것의
이유를 발효한 듯
아무 소용이 없는 것을

상처를 수습해도 결코 오지 않는
그때 그 시각
오늘도 눈물로 오는 내 양심을 모두 벗어도
서러운 경계 밖에서
나를 원망하고 있을
그때 그 시각의
뼈아픈 약속 하나

야생화

있는 듯 없는 듯 양지의 경계 밖에서
나무와 숲들 아래

하나의 연민과 우울을 짐지고
숙명처럼 그윽이 일생을 들여다보며
종일 낮빛을 가리다가

양지가 옮겨가는 곳마다 내외하며
음지에서 비로소 보는 그 얼굴
어둡고 조용한 침잠의 꽃송이
정히 하나 올려놓고

종일 사랑앓이하며
비로소 하르르하르르 제 속살
풀어놓는 꽃이여

제 5 부

과거 지우기

과거 지우기

내 앞에서 집요하게 서성대는 과거는
지금의 현실 앞에서
언제나 말없음표로 저문다
왜 그때 그 시각에
어쩌면 면목이 서는 이유로
다시 태어나고
허물을 덮을 수도 혹은
더욱 근사한 위상으로 다시 설 수 있었는데
하필이면 기회를 잃었을까

지금도 눈앞에서 서성이는
과거를 들여다보며
푸르고 창백한 얼굴의
그늘을 지운다
질주하는 희망들이 다소곳이
나를 부축하며 채근하는 오늘
오롯이 무대 밖의 관객으로
불현듯 깊어지는 과거를
무료히 서성이는
저 불빛처럼 잊기다

닮은꼴의 사람

횡단보도를 건너다 마주보면
나와 닮은 비슷한 사람
가만히 서로 어색한 표정으로 본다
문득 까마득히 잊고 산 내가
바로 앞에 있다고 생각하는 순간
이미 불빛 속에 사라진 그 사람
신호등의 삼원색처럼 언젠가 또 만날까
아무개처럼 한갓 추억 속에
잊어야만 될 사람일까
생각을 거듭하는 사이
또 다른 길에서 우연히 부딪힌 그 사람
그가 유심히 나를 들여다본다
엉겁결에 아는 체 인사를 하는 사이
또다시 신호등이 바뀌고
사람들의 물결 사이로 사라진 그 사람
다음 만날 때는 내가 먼저 인사를 해야지
동공에 사진처럼
그 사람의 표정을 확실히 입력하다
다시는 잊혀지지 않기 위해

재개발지역

잠시의 이별이다
나의 소년아, 청춘아 잘 있거라
이상과 꿈도 지난날의 회상도
지금의 현재도 잘 있거라
잠시의 열혈한 이별이다

초록의 중심을 꽃피우던 곳
새로운 나의 굳센 의지를 시험하던 곳
수영 바닷가의 달빛 그늘 아래서
후리막으로 밤을 지새던 추억들
이제야 잠시 잊겠네

3년의 재개발을 기약 이후
전신을 열어보이던 앞바다와
옆으로 누운 이기대 그리고 먼 풍경이 되던 광안대교
온 천지가 마천루로 가득한 이곳에서
남은 내 노년의 인생도 과거도 함께 부활하리

빗소리

종일 오는 빗소리 마중하며
비로소 오는 봄을 보누나
새소리 건너가는 산기슭에
눈부신 초록들 그리고
아득한 먼 변방의 빗소리
한 전언처럼 이곳까지 소식을 전하누나
모든 살아있는 것들은
일어서서 하루를 서둘러 기리는데
느릿느릿 옮겨가는 먼 데 강물소리
몇 구비 산천을 돌아야 하루가 갈까
이 아침 동구 밖을 점령하는 갈마귀떼
빗소리 속에서도
서러운 울음 짓거리로 소란한데
저 머언 구름 끝에 머무는 노스탤지어는
오늘도 빗소리 곁으로 신기루로 서는구나

길 고양이

빛을 따라가는 그림자는
점점 길어지고
큰 고양이 하나 왕방울 눈으로
양지의 여백에 자기 얼굴 비춰보며
그림자를 쫓느라 분주하다
움큼 슬쩍 앞발짓으로
그림자를 무너뜨려 보는데
이내 그림자는 시간만큼 더 달려가고
노여움으로 할퀴는 자국마다
모자이크로 태어나는 상채기
종일 해그림자 쫓다
지친 고양이 한 마리
빌딩을 건너가는 빛들을
아프게 아프게 노려보며
비로소 몸을 비켜주는 노을이 와서야
소름 돋는 광기의 자취를
쏜살같이 감추며
오늘을 비켜서는 도심의 빌딩 사이

이 시대 이야기

우리들의 생각은 모두들
오래도록 필사된 정신 안에
영혼의 뿌리들을 아슬하게 껴안고 있다
누군가 고심하고 간섭 안 해도
시간을 헤아리며
내일의 비망록을 미리 챙기며
진부한 요령도 재촉하며
홀로서기 위해 금광을 캐듯
온몸 안으로 용솟음치는 지혜의 눈

하지만 어디선가
낯선 땅에서 자라는 불안한 애기처럼
왜 이리도 쓸쓸하고 불안한가
이 하루도 소름 돋는 광기로
치열한 경쟁 속에서 헤매는 군상들이
무질서의 도심 안에서
서로의 적이 되어 살아가는
도무지 해답이 없는
살기 돋는 편린들이여

한 시인

공원에서 잠시 시집을 뒤적인다
누군가의 가슴을 들여다보며
바람이 알맞게 책장을 넘길 때마다
시인의 하소와 애환이
알 수 없는 부호로 깊이 은유하고 있다

수줍고 때로는 인내와 고통의
먼 세월의 동행에도
한 생애를 인정하고 즐기며
천천히 명상을 들여다보는
그윽한 시인의 눈길이 느껴지는 하오

하늘의 소소한 구름 몇 점
가끔 아는 체하며 지나고
뿌리 깊은 나무들의 생각이 더하는데
도무지 나는 시인의 속마음을 몰라
봄 풀잎들만 쓰다듬고 있었다

다도해

서녘에 불끈불끈 돋는
초저녁 별들처럼
가깝게 멀리 은하에 이르기까지
총총 서로 마주보며
바다의 아기별들과 왕별들
하나이듯 견고하게
물결에 어리우며
하늘과 이승에 사는구나
서로의 하체를 부여잡고
이곳 저곳 알음없이
불끈불끈 솟는 무수한 바다의 별들

태풍 이후

간밤에 바다와 씨름하던
그 배는 어디로 갔을까
바다의 성난 혹독한 고문에 온밤을 시달리던
뱃사람들의 처절한 주검의 소리

햇볕 맑은 해안가의 바람소리로 스며들고
낯익은 새들은 공중에서
살아 있다는 증표로 더 높이 비상하는데
먼 바다에 곡선으로 기울어진 배 하나
아직도 생사의 기로에서
무섬증으로 오금이 저리다

간밤을 유령처럼 헤매인 배들
모두들 어디로 갔을까
아직도 생사의 기로에서
심해에서 구원의 손길로 기도하고 있을까

상여 가는 길

죽은 자의 말을 알아듣는 것일까
상여가 지나는 이름없는 묘소마다
천년의 생명을 지닌 점잖은 나무들
스스로 잎들을 내리고
상여 가는 길 터주는데
호곡처럼 따라나서는 산새무리들
울음 더욱 깊어지는데
모든 것은 천상 가는 길에서
일시정지로 있는데

오오, 구름 홀로이 떠도는 산기슭
지난 세월을 인식시키며
정녕 위로가 되지 못하는 현재를 물리치며
옹알이로 옮겨가는 여울물들이
한세상의 탄식처럼
상여의 호곡소리를
울며 불며 부지런히
따라가고 있다

고향 이별

불빛 떨어진 새벽길을 간다
아직도 아침이 보이지 않는 시각
아무도 모르게 순례자처럼
처음의 구원의 길을 가듯
하나의 우울처럼 조심스러운데

산비탈 아래
늙은 동백나무 사이로 산비둘기 몇
이야기 동무로 낯설게 인사하는데
기슭이 지나 햇볕에 눈시울이 뜨겁다

정든 나무들과 전답들과
서로 이름도 성도 나누지 못한
무지한 이웃들이
떠나면 이별의 말들을 나누며
역류하는 우울을 달래고 있었다

봄비가

비의 물방울이 떨어져서 만상을 키운다
늙어가는 것과 죽어가는 것
생기 돋는 것들과 시름없이 내일을 간수할 수 없는
모든 것들에
생기 돋는 생명수로 초록의 봄을 깨우고 있다
모두의 힘찬 발걸음이 되는 비, 비들

꽃들이 다투어 수줍은 웃음을 꺼내 보이고
무르익은 약속들의 시간들을 타종하고
조상님 전에 정성어린 제 올리고
오늘은 비 비가 임금님보다 웟분이다

여름내 타들어가던 잎들의 줄기가
미래의 설레임 하나씩 간직하듯
푸르른 잎들 생기 돋는 마을 전답에
하나의 생명선의 증언처럼
비 비는 종일 오는데

부산역

무료한 햇볕이 광장을 맴도는 동안
하릴없는 그림자는 시계탑 위에서 목마를 탄다

질서정연한 나무들은
사람들의 기다림처럼 묵상 중인데
모두들 분주한 역사 내에
명상의 시간을 거닐고 있는 하오

가끔 열차소리 넘어 항구의 뱃소리가 답하는데
모두들 어디를 떠나고 닿는 것일까
이 하루 잃어버린 시간을 찾아
생기 돋는 미래를 열람하고 있을까

노을을 향해 날고 있는 새떼들이
부지런히 실어오는 입담들을 들으며
인연처럼 사람들이 모여들고 있는 역광장

가로수길

가지런히 앞으로 나란히로
방향을 맞추고 서있는 가로수들
서로 마주보며
빗물도 함께 받아 먹고
자양분도 나누어 먹고
엄동의 추위와 먼지를 뒤집어써도
불평 없이 운명으로 사는 나무들

서로를 격려하듯 한사코
하늘 향해 사시사철 빳빳이 서서
참으로 공평이 이 한세상을 살듯이
혈연처럼 운명처럼 사는
서로들의 보시로 둥지도 나누어주며
그렇게 여러 백년을 하루같이 사는
우리들의 이웃이 되는 거룩한 나무들

달동네

산비알 무허가촌
아침인데도 기침소리 하나 없다
새벽을 서둘러 떠난 노동의 사람들을 배웅하고
아침을 일으킨 사람들이
궁색한 자기변명처럼
초점 흐린 눈으로 양지 곁에 모여 있는 사이
사는 것 먹는 것 멋모르고 재잘대는 아이들
아침부터 태양의 후예처럼
씩씩한 기상을 세우는데

산꼭대기 눅눅한 습기 사이로
그래도 새들은 멋모르고
먼저 오는 가을맞이로 둥지를 짓고
바람의 방향에 에워싸여
봄 채비로 부산한 지상의 나무들과
하늘로 하늘로 오르는 아이들 웃음소리
산비탈을 건너가며
개울물 소리 먼저 이끼 낀 아침을 깨우는 시각

우리 사이

우리는 늘 겸허히 자신을 돌아보는
기회를 가진다
어떤 낯선 희망과 비약
고뇌가 있어도
서로를 보는 수직과 수평의 눈
삶의 수위는 결코 다를지라도
서로가 이 세상에 없다면
우린 어떤 의미로 살까
언제나 차례를 기다리는 불빛처럼
서로의 존재가
삶의 이유가 될까
서로 다른 생각과 뜻이
결코 이기주의만이 아닌
환희의 요소만이 결빙된다 하더라도
너가 있으므로 내가 있듯이
서로의 공손한 언어 안에서
비약하는 세월과 먼 날이 있듯이

| 해 설 |

인생 삶의 감성을 서정시에 접목시킨 상징시편

– 박무길 시집 「한세상 인연들 묵상에 들다」

시인 崔 東 川

인생 삶의 감성을 서정시에 접목시킨 상징시편

– 박무길 시집「한세상 인연들 묵상에 들다」

시인 崔東川

박무길 시인의 시는 순수한 감성 안에서 여과되고 조율되고 자연과 인간애가 상징성을 지니는 사람 중심의 시로 보다 친화력을 가진다. 주지적 본질을 찾아가는 상황 인식도 존재 탐구와 긴장을 배제한 한국적 정서에 뿌리를 둔 언어감각이 우선되는 우리 고유의 시어들에 균형감각을 두고 있어 어떤 여유와 동행, 그리고 동류의식들을 주제화하는 다수의 시들에 깊이와 무게를 두고 있다고 보아진다.

한 세월의 무늬를 이룬 추억이 가고
오늘도 제자리에 선 명상은
아직도 아무런 대답을 주지 않는데
이 겨울을 모질게 달려가는 삭막한 저 바람은
우리들을 위해
팽팽한 근육의 활시위를 당기는구나
더 푸르고 무성한 꿈 가꾸며
생生의 치열한 몸부림으로
가끔은 늦은 밤에 취해

근근이 아침을 나섰을 때
발부리에 먼저 닿는 혼곤한 잠
누군가 앞서간 발자국에도
푸른 희망 하나 새겼거니
더욱 힘차게 활보하는 거룩한 아침길
아직도 아득하여라
빈손에 움켜쥔 꿈
팽팽한 근육의 활시위를 먼저 당겨보는 이 아침
바닷새의 청아한 울음소리 건너
수영 바다가 먼저 봄의 아침을 건너다

———「한세상 인연들 묵상에 들다」 전문

이 비연시는 현재의 서민의 삶과 또 다른 세계에서 방황하는 일련의 저항주의 삶을 연계시키며 상황인식을 찾아가며 실존주의를 거론하는 탐미주의적 시의 수사와 상상력을 유추하는 그의 본성에 접근성을 지니는 시로 한 세대를 산 일대기에 방점을 두고 있다.

처절한 인고의 세월을 살아온 내성과 치열한 꿈과 이상으로 청라를 꿈꾸었던 한 시절, 그리고 아직도 빈손이라고 자위해보는 시인의 시적 화자에서 우리는 서민의식에 근거를 둔 대중성에 주목하게 된다. 그러나 결코 현재의 삶을 포기할 수는 없는 것이 아닌가. 자조적인 마음 안으로 표출되는 어떤 실의를 시인은 현재를 근거로 더욱 희망찬 삶을 위한 각고의 노력으로 스스로를 탈출하려 자신을 채찍질하고 있다. 평생을 수영 앞바다를 보며 인생을 산 시인의 원대한 꿈과 생활의식은 아직도 현재진행형이다. 결코 좌절이나 자조하지 않는 동양적인 서정과 감성에서 오는 철학적인 사고가 매개체가 된 이 시는 자연과 사물로 의인화personification하는 과정이 매우 심플simple하다. 6행 〈팽팽한 근육의 활시위를 당기는구나〉와 17행의 〈팽팽한 근육의 활시위를 먼저 당겨보는 이 아침은〉은 반복어 형식으로 시작과 미래를 연관짓는 과거를 명징함으로써 머나먼 세월을 회귀한 시구로 이 시의 모티브motive로서 시의 적절한 표현미라고 보아진다. 어떠한 여건이나 환경에서도 소외되지 않는 인생관과 수영사랑이 함께한 마지막 2행 〈바닷새의 청아한 울음소리 건너/ 수영 바다가 먼저 봄의 아침을 건너다〉는 맑고 투명한 시인의 자화상처럼 신선하고 참신한 결구로 참으로 가작이다.

아아, 오늘은 누구를 기다리나
내 마음 안으로 잠그고
왼종일 고요로 묵상해도
위로의 배려는 없어
종일 지친 마음을 위안하는 날

서로를 의식하면서도 맥을 놓고 있는 사이
언제 어느 때 모든 것의 이유와 근원으로
다시 시작의 원인으로 환원될까
비로소 인연이 닿고 서로의 존재 깊이 각인될 때
이 세상의 안정한 모든 것의 웃머리에
우리의 굳은 희망과 행복으로 놓일 때

아름다워라 외롭고 심심하던 하나의 마음은
투명하게 무지개로 서고
마음 안에 오롯이 깃드는 이 화평처럼
한때 내 설운 세월의 주름처럼

내 생애 다소곳한 곳에 놓이는 사랑이여
오늘은 머나먼 변방에서
신앙처럼 피는 꽃 한 송이의 이유를 듣네

——「하나의 이유를 가지다」 전문

한세월 한세상을 압축한 이 시는 미래와 현재, 과거를 복합적으로 함축하고 있다. 첫연의 첫행 〈아아, 오늘은 누구를 기다리나〉는 의미적 요소로 환원되는 한생애를 3연의 결구인 〈신앙처럼 피는 꽃 한 송이의 이유를 듣네〉는 긍정적인 인생시 면모를 표면화하고 있는 이 시는 일면 평범한 생활시로 보이지만 대칭되는 2개의 시어를 반어법 형식으로 이분법하면서도 진취적인 삶을 모색하려는 대단원을 함께 조율함으로써 범상치 않은 시적 영역을 보여주는 시이다. 논리적인 비약을 삼간 채 심상적 근원으로 접근하는 이미지에 변화를 준 각 연도 시어의 연계성과 소통적 접근을 인간 본연의 관계에 충실함으로써 소재들이 시적 개연성probability을 지니고 있다고 하겠다.

더구나 시행의 구성과 소재들의 합일로 조율되는 시적 감각은 자못 탁월하다. 1연의 〈위로의 배려는 없어/ 종일 지친 마음을 위안하는 날〉, 2연의 〈이 세상의 안정한 모든 것의 웃머리에/ 우리의 굳은 희망과 행복으로 놓일 때〉와 3연의 〈한때 내 설운 세월의 주름처럼/ 내 생애 다소곳한 곳에 놓이는 사랑이여〉는 이 시의 의미적 요소를 역동적dynamic 역할론으로 재생시키는 근본적 존재감으로 눈부신 상징성으로 참으로 발군이다.

그렇다. 우리의 궁극적인 미래는 발전적 의미의 자기 통찰력에서 오는 또 다른 긍정적 면모의 자기 성찰이 아니겠는가. 더구나 각 연의 종결 의미의 시구는 때와 시기와 시인의 심성을 보다 긍휼히 함으로써 독창성과 개성미가 압권인 시로 승화시키고 있다.

혼돈의 이 하루
시간 속에 섞여 길을 걷는다
나를 두고온 생각들과
미처 정리하지 못한 사유들에 섞여
꿈결처럼 무아경으로 걷는다

이리도 세상은 통과하기 힘든가
나의 이기적인 생각들과 신변잡기들은
나의 이름 석 자들과 오늘도 온전한가

생각의 안과 밖에서
나를 부르는 맹렬한 소리들이
어울려 함께하며
더불어 살라 하네

오늘 하루도 방향을 묻고 가는 이 하루는
내일의 또다른 희망 하나와
부디 온전할까

———「한세상 사는 것」 전문

심정적 근원이 되는 모티브motive를 이루는 과정이 우리 서민들의 생활 근거에 단초가 되는 일련의 생활을 회자하면서 자신도 인지 못하는 세월적 변화를 적나라하게 일체성 있게 언급함으로써 보편적인 생활인식의 표준을 시간적 환유를 통한 내용미로 본질을 직시한 시이다.

현대시의 정수를 보는 듯 시어와 시행의 동질성의 연결성을 시의적절하게 운용함으로써 탁월한 구성력에 의미를 두고 싶다.

모두들 정신없이 자신의 할 일에 집착하다 보면 어느덧 소외되는 자신을 잊기 십상인 이즈음의 새태를 1연의 〈미처 정리하지 못한 사유들에 섞여/ 꿈결처럼 무아경으로 걷는다〉와 2연의 〈나의 이기적인 생각들과 신변잡기들은/ 나의 이름 석자들과 오늘도 온전한가〉의 표현미는 이 얼마나 현실을 눈물겹게 직시한 시행들인가. 현세와 자신을 혹은 현대를 사는 사람들의 심성을 꿰뚫어보는 시인의 시적 높이와 깊이에 오직 감탄할 뿐이다. 시는 어려운 시구와 복잡한 언어 구사로 차별화하는 시가 결코 우수한 시로 평가될 수는 없다. 이와 같이 어떤 발상의 목적의식에서 오는 상황과 개연성을 쉽게 도출하여 보다 주지를 확실히 하며 감동과 감성의 주체를 독자들에게 인식의 깊이를 심어주는 시가 정도正道가 아닌가 싶다.

그리고 4연의 〈오늘 하루도 방향을 묻고 가는 이 하루는/ 내일의 또다른 희망 하나와/ 부디 온전할까〉는 현대를 살아가는 우리들에게 얼마나 밀집성 있는 연관성에 근거한 것인가. 시인의 이미지 전체를 여과 순화 전개하는 높은 혜안에 오직 감탄할 뿐이다.

천지에 가득한 불노을
세상을 붙잡고 애소하듯
머언 하늘을 끌어와
다소곳한 못 잊을 밀어처럼
왕성한 근육의 뿌리로
온 세상을 피바다로 물들이며

설핏 꽃으로 피는
저 고혹한 미소여
인연이 있는 이승의 모든 것들
오늘 모두 차례로 신기루로 서다

———「노을」 전문

불과 10행의 시각적 의미의 이 시는 하나로 가는 자율적 배분의 시구가 동류의식으로 완성되고 있다. 균형감각을 통한 풍경의 조율이 맑고 절제된 맥락으로 전연을 이끌고 있는 자연미를 연계한 한시적인 경관이 가히 눈부시다. 주지하다시피 불노을은 당시의 온도와 습도, 그리고 기후와 대기권으로 오존층이 연계된 자연현상이 촉매제가 된 환상적인 영상미이다. 반어법 형식의 〈온 세상을 피바다로 물들이며〉, 〈설핏 꽃으로 피는〉을 대단원으로 언급한 것은 하루의 부단한 노력과 삶의 치열한 경쟁과 더불어 이루어지는 결실과 수확을 의미한 것으로 노동의 대가를 암시성 있게 극대화한 공감각적synesthetic인 시로 승화시킨 맥락을 유지시킴이다. 영탄법을 선호한 이 시는 발상적 전환을 하나의 실체를 추적하는 내밀한 관찰력을 어쩌면 일부 내용적 결핍을 동경으로 회귀시키는 하나의 수채화를 보듯 선연한 이미지가 일품이다.

그렇다. 모든 노력과 힘과 정성을 다한 하루는 우리에게는 승리일 것이다. 마지막 2행 〈인연이 있는 이승의 모든 것들/ 오늘 모두 차례로 신기루로 서다〉가 바로 우리가 궁극적으로 꿈꾸는 희망적 사안의 미래일 것이다.

고독은 외로움으로 자라
더욱 큰 병으로 옮겨 온다

거침없이 당신의 뇌수를 침노하여
황폐화시키고
장님의 시선으로 이끈다

하여 세상을 올곧게 보지 못하게 하고
당신 밖의 긴장감을 끌어와
우울한 현재로
어느 날 사지를 마비시킨다

고독은 서서히 몸속의 물을 결빙시켜
그대 모르는 육체 곳곳을 좀먹어
현재를 피폐시키고
사지를 꽁꽁 묶인 얼음장의 송장처럼
영혼으로 깊이 잠들게 할 것이다
오오, 고독이란 무서운 병의 이름은

———「고독 이야기」 전문

이 시를 언급하는 것은 현대가 정의하는 여러 병 중에서 문화와 문명에 연계된 혹은 시대적 조류에 의한 현대문명과 사회에 연계한 이기주의적 근원에서 발생하는 것과 더구나 가족해체와 1인 가구의 증가에 의한 새로운 시대적 병의 근원이 되는 고독사가 원인과 뿌리를 이루는 데 중심을 둔 것이기에 시류에 합류하는 뜻에서이다. 일찌기 정신분석학의 이론가인 프로이드가 주창한 제 3의 병인 '고독'을 상징적으로 공시성共時性 있게 마치 구도자적인 입장에서 문명 비판적으로 탄력적으로 언급한 시행들로 현실성을 압축한 이 시는 현실성을 우회적으로 묘사하며 시적 주제의 근원을 찾아가는 내용미가 쉬운 시어들로 이루어져 호감이 가는 시이다.

일련의 시행의 조율은 심상의 요소마다 변화를 줌으로써 안정적으로 현재를 확인하며 독자들에게 동의를 구하는 무서운 '고독' 이란 존재를 점층법으로 확인시키며 일체화한 것을 높이 사고 싶다. 간결한 문체와 수사와 묘사가 절묘한 타이밍으로 우리를 설득하고 있는 전연은 직유시이면서 정情적인 이 시가 갖는 화두는 하나의 고독과 우울을 중심으로 한 동기부여로 하나의 주지적 개념을 일깨우고 있는 특징성을 지닌다. 소멸이나 해체 이후의 전조로 오는 공허함과 쓸쓸함, 그리고 외로움이란 제3의 현대병을 우리는 어떻게 극복할 것인가. 자기상실을 인지하는 과정을 이 시에서는 우리들에게 해답을 구하고 있다.

중심은 모서리가 없고 끝간 데가 없다
모진 분별력을 집중해야
겨우 만날 수 있는 임자
필생의 노력으로 찾아 헤매는
임자 없는 그곳
운이 좋아야 겨우 닿을 수 있는 그곳
너와 나의 심장 같은 곳
오늘도 어떤 기도가 마음의 정신이
합류할 수 있을까
헝클어진 길들을 일으켜 세우며
기실은 안전지대를 나아가는
우리들의 인생처럼
중심은 언제나 한 축을 예비하며
모진 인내와 고통과 난관을 극복하는 자에게만
축복과 부활을 주는 것
온 정신 혼신의 힘으로 집중한 자가

견고한 과녁을 통과하여
당당한 자신의 이름표를 달고 있듯이

——「안전지대」 전문

우리 인간의 중심은 원圓이다. 한정 없는 무한대에서 자신의 유익한 공간에 인생을 접속시키며 원대한 이상과 꿈을 창출하는 것이다. 우리의 삶의 한 방향의 축을 제시한 주지적 목적시요 잠언적 요소의 시로, 시행 중 〈필생의 노력으로 찾아 헤매는/ 임자 없는 그곳〉, 〈운이 좋아야 겨우 닿을 수 있는 그곳〉, 〈너와 나의 심장 같은 곳〉. 즉, 인고의 노력으로 쟁취할 수 있는, 그리고 덕목이 함께해야 가능한 그곳, 그리고 불굴의 의지와 믿음과 투지로 대별되는 심장을 함께 주체화함으로써 삼위일체를 합일함으로써 인간 승리의 숭고한 의미를 재연시키고 있는 이 시는 〈오늘도 어떤 기도가 마음의 정신이/ 합류할 수 있을까〉에서 보듯 더불어 함께하는 삶의 뜻과 정신의 동류의식을 명징적으로 거론하며 그것이 곧 인간 부활이라고 본질을 승화시키고 있다.

시행 하나 하나가 소재의 표준을 예시하며 미래를 웅비하는 관념체로 근접시킴으로써 심리적 묘사까지 완벽히 갖춘 이 시는 끝까지 긴장미를 압축한 절대적 가치관과 상대성도 의미 있게 조율한 비연시로 후반부의 〈온 정신 혼신의 힘으로 집중한 자가/ 견고한 과녁을 통과하여/ 당당한 자신의 이름표를 달고 있듯이〉에서 보듯 대단원을 상징시symbolic poem로 명징지은 매우 심플simple한 탁월한 시이다.

산새의 주검을 팔부능선의
산여울에서 본다

말짱한 몸에 귀염성의 얼굴
부리 고운 청록색에 이쁜 몸매
다소곳한 날갯짓으로
공중에 솟구치듯
선혈이 낭자한 깃털들

생전에 능선무리마다
이별의 생각을 놓아두고 갔을 산새 한 마리
근처의 산꽃들은 봄 아지랑이로
아양이 한창인데
무리가 억울하게 두고 갔을 산새 한 마리
지금 여울가에 호젓이 누워
세상사 이별 보기로 꿈꾸는 산의 수호신으로
꿈속의 꽃을 물고 있다

———「산새 주검」 전문

이 시의 전체적인 맥락은 정情 동動의 기법을 활용한 삶과 죽음을 자연과 연계시킨 이미 생명체를 잃은 무생물을 환유법 metonymy 형태로 재생시킨 시이다.

사철 능선무리를 해매이며 부리 고운 청록색의 이쁜 몸매로 자연과 꽃들과 어울렸을 산새의 처절한 죽음을 소멸이나 해체 이후에서 오는 공허함과 쓸쓸함, 나아가서 고독감과 상실을 인지하는 과정이 자못 을씨년스럽다. 세련된 시어들과 순간적인 영상미까지 갖춘 수사와 묘사가 마치 동요적 음악성의 하모니까지 거느리고 있어 서정성에 연계한 공감성에 바탕을 둔 그리움과 외로움, 애증에 대한 전연이 마치 수미상관의 형식을 가진 참신하고 신선한 시로 탐미적인 수사미가 일미를 더하고 있다.

전반부와 후반부를 대비시키며 하나의 일체화로 삶과 죽음의 시간대별 공시성共時性을 절묘한 타이밍으로 이끌고 있어 흔히 가벼운 자연시나 풍경을 도입한 시를 탈피한 상황적 전개는 시인의 시적 수준과 역량에서 오는 무한한 높이의 가치일 것이다. 맨 결구의 〈꿈속의 꽃을 물고 있다〉는 참으로 절구이다.

탑 그림자 연못 위에 말없이 일렁이는데
구름 속의 달 천수경을 미리 읽고 가는 밤
산사 대숲에는 먼저 간 사람들의 비명소리

장마낀 초여름 방축에 돋는 풀자리
지저귀는 새들의 이별 같은 눈물자리의
들바람은 자꾸만 계절을 재촉하는데
억울한 천년의 탑은 도무지 말이 없어

이쁘고 인자한 꽃들과 새들
어느덧 영겁의 세월 지나도
금슬 좋은 긴 하루해와 동무하며
탑 그림자와 함께
이 고요한 산문에서
부처님의 말씀을 깨우치리라

———「연당지」 전문

이 시는 3연으로 나뉘어 현재와 미래, 그리고 과거를 함축한 시이다. 천년의 사찰에서 풍경으로 탑과 동무하고 있는 연당지에서 언뜻 세월을 음미하며 인생무상과 영원한 자연을 비견한 역사를 복원하며 미래를 표징지음으로써 유려한 명상적 감성을 극대화한 시로 전연체는 토속적 민속적인 관계 설정에 서정적 발아를 모티브motive로 두고 있어 매우 안정적이다. 정신적인 사유와 고뇌를 함묵하면서도 슬기롭고 대처하는 미래의 역사 보기의 인식이 또 다른 존재론을 각인시키는 것 같아 스스로 옷깃을 여미는 순수한 마음을 깃들게 하는 정서적 균형을 이루는 시로 특히 2연은 압권이다.

소박하고 꾸밈없는 시어들이 하나의 생生의 희망적 존재론으로 연쇄법 형태를 지향한 것은 보다 이 시의 1연과 3연을 이중적 화법으로 대별시키며 공간적 사유의 핵심을 가지는 1연의 현재, 2연의 과거, 그리고 3연의 미래를 보다 심리적으로 유연하게 이끌며 중심을 설정한 시인의 안목을 높이 사고 싶다. 사찰과 고적을 중심하지 않으면서도 전연을 불가의 정중한 무게를 가늠할 수 있는 내용미를 인지하게 하는 시어들의 절제미와 간결미가 돋보이는 시로 평가하고 싶다.

내 앞에서 집요하게 서성대는 과거는
지금의 현실 앞에서
언제나 말없음표로 저문다
왜 그때 그 시각에
어쩌면 면목이 서는 이유로
다시 태어나고
허물을 덮을 수도 혹은
더욱 근사한 위상으로 다시 설 수 있었는데
하필이면 기회를 잃었을까

지금도 눈앞에서 서성이는
과거를 들여다보며
푸르고 창백한 얼굴의
그늘을 지운다
질주하는 희망들이 다소곳이
나를 부축하며 채근하는 오늘
오롯이 무대 밖의 관객으로
불현듯 깊어지는 과거를
무료히 서성이는
저 불빛처럼 잊기다

———「과거 지우기」 전문

가끔 우리는 불행의 단초가 되는 과거 때문에 고민하고 사안을 집중시키지 못하는 예를 본다. 어쩌면 잠언적 내용의 존재론을 각인시키는 이 시는 우리들의 관습과 인습에 근거한 발상적 의미가 주정적 역할론으로 재생된 동양적인 일부 사상이 가미된 시이다. 서양에서는 곧 잊고 다시 시작하는 계기로 삼는 과거는 더욱 훌륭히 재생되고 더욱 진전된 미래로 탄생하지만 유가풍의 동양철학은 과거를 분석 세분하여 상이한 유형으로 양립되는 세상 보기와 이해관계와 정서적 균형을 이루는 도가풍의 실체를 규명한 이후에 새로운 출발의 모색점을 찾는 데 중심을 두기 때문에 우리의 생활에 지대한 영향을 끼치고 있는 점을 각인시키는 시이기도 하다. 과거 때문에 한 걸음도 나아갈 수 없는 입장과 어떤 참회와 반성, 각성을 기초한 이 시는 생활시이지만 교훈적 주지를 매개체로 새로운 시대의 발전적 의미를 도모하는 진일보한 시로 평가하고 싶다. 즉, 지나간 과거는 잊고 현재의 상황과 미래지향적인 현안의 목적의식에 초점을 맞춘 시로 '왜 그때 그 시각'에 대한 상황인식과 관계구성으로 대별되는 밀도 있는 구성을 재처리한 시행들이 우리들 정신의 뿌리의 미학으로 긍정적으로 재생된 시로 의미를 더하고 있다.

전반부를 실기한 '그때 그 시각'에 통찰력을 두었다면 후반부는 잊는다는 개념 아래 일련의 소통과정을 희망적 효율성을 첫머리에 둠으로써 보다 발전적 의미에 뉘앙스nuance에 둔 새로운 존재 탐구의 시로 성공하고 있다고 보여진다.

여러 유형으로 대별되는 시적 기법이나 기교를 보다 기회균등으로 유화하여 발상적 근원에 접근하는 동기부여를 한 시들이 또 다른 주지와 이유로 재탄생되는 의미적 요소로 환원시키며 서정성을 재탄생시킨 박무길 시인의 깊은 안목을 주목하고 싶다.

앞으로 그의 시적 활약이 한국시단의 중심에 서기를 바란다.

이 도서의 국립중앙도서관 출판예정도서목록(CIP)은 서지정보유통지원시스템 홈페이지(http://seoji.nl.go.kr)와 국가자료공동목록시스템(http://www.nl.go.kr/kolisnet)에서 이용하실 수 있습니다.(CIP제어번호: CIP2018038818)

박무길 시집

한세상 인연들 묵상에 들다

인쇄일 | 2018년 12월 5일
발행일 | 2018년 12월 12일
지은이 | 박무길
펴낸이 | 최장락
펴낸곳 | 도서출판 푸름사
주 소 | 부산광역시 부산진구 부전로 35, 301호(부전동, 삼성빌딩)
전화 : (051)805-8002 팩스 : (051)805-8045
이메일 : doosoncomm@daum.net
출판등록 제329-2009-000010호

값 12,000원

ISBN 978-89-94839-24-0 03810